LE CHIFFONNIER,
OU
LE PHILOSOPHE NOCTURNE,

COMÉDIE-VAUDEVILLE EN CINQ ACTES ET EN UNE JOURNÉE,

PAR

MM. THÉAULON ET ÉTIENNE;

Représentée pour la première fois, à Paris, sur le théâtre des Variétés,
le 3 janvier 1826.

DISTRIBUTION DE LA PIÈCE:

LE PÈRE RICHARD, chiffonnier (soixante ans). Son costume doit être décent, ses cheveux sont blancs et sa figure respectable *.............................. M. POTIER.

ERNEST D'ARLEVILLE, jeune avocat................. M. ALLAN.

ALFRED, jeune officier, son ami (caractère léger)..... M. ARNAL.

M⁰ GRIPEFORT, } avoués..................... { M. BLONDIN.
M⁰ CHAPOULARD, }   { M. FLEURY.

UN GARDE DU COMMERCE........................... M. BIGNON.

UN VALET...................................... M. GEORGES.

JEUNES AVOCATS.

Mme DE VERSEUIL, jeune veuve, très coquette (mise élégante)................................... Mlle FÉLICIE.

Mme GERVAL, vêtue modestement (cinquante ans)..... Mme BARROYER.

CÉLINE, jeune personne confiée à ses soins........... Mlle PAULINE.

CONVIVES des deux sexes.

La scène se passe à Paris, en 1825.

ACTE PREMIER.

Le théâtre représente une rue déserte. A gauche de l'acteur, une maison de peu d'apparence; on y lit: RUE MOUFFETARD, au-dessus de la porte d'entrée, n° 13. Un banc de pierre est auprès. Il est nuit. La scène est éclairée par un réverbère placé dans le fond.

SCÈNE I.

ERNEST, ALFRED.

(Ils entrent par le fond.)

ALFRED.

Quel singulier chemin m'as-tu fait prendre, pour aller de l'Observatoire, où nous avons passé la soirée, à notre logement de la Chaussée d'Antin?

ERNEST, indifféremment.

En parlant, nous nous serons égarés.

*Ce rôle, créé avec tant de talent et de verve par M. Potier, appartient à l'emploi des premiers rôles.

ALFRED.

Je n'arriverai jamais assez tôt au bal où je suis invité... si nous pouvions savoir où nous sommes, encore! (Ernest regarde la maison.) Que vois-je!... tu regardes cette croisée? Ernest, ce n'est pas sans dessein que tu m'as conduit ici...

ERNEST.

Maintenant il faut bien te l'avouer.

ALFRED.

Tu connais donc la rue où nous nous trouvons?

ERNEST.

Nous sommes dans la rue Mouffetard.

ALFRED , surpris.

Dans la rue Mouffetard !... et qui diable peut te forcer à venir dans ce quartier, à l'heure qu'il est ?

ERNEST.

L'amour... mon cher Alfred.

ALFRED.

L'amour ?... allons donc , tu extravagues... l'amour n'a jamais logé rue Mouffetard.

ERNEST.

Pourquoi pas ici, comme ailleurs?... tu plaisantes toujours , même avec les choses les plus sérieuses.

ALFRED.

Et toi , tu ne ris jamais, même avec les choses les plus plaisantes... Mais sais-tu que, pour un avocat, tu es fameusement romantique ; voilà, dès le commencement de ta carrière, trois aventures de roman qui tiennent du siècle des Amadis.

ERNEST.

Trois aventures !... la première, je te prie ?

ALFRED.

Eh ! parbleu ! c'est la lettre de change de 6000 francs que tu as si noblement cautionnée pour ton ami Dufour , et pour laquelle tu peux être arrêté d'un moment à l'autre , car tu as reconnu le jugement.

ERNEST.

Ah ! j'étais riche quand j'ai prêté ma signature à Dufour ; la faillite de mon banquier ne m'avait pas encore tout enlevé... Et la seconde aventure ?

ALFRED.

C'est la réhabilitation de ce négociant Franval que tu n'as jamais vu , puisque il y a près de seize ans qu'il a quitté la France pour se soustraire au jugement qui le condamnait à une peine infamante. Je te demande un peu quel intérêt te portait à ressusciter cette fâcheuse affaire ?

ERNEST.

Quel intérêt, mon cher Alfred ! celui de la justice et de la vérité ; en consultant le dossier de ce procès, pour une affaire qui m'était confiée, je crois m'apercevoir que le négociant Franval , impliqué dans cette banqueroute frauduleuse, fut la victime d'un acte illégalement dressé... j'examine , et j'en acquiers la certitude ; que devais-je faire alors ? n'écouter que ma conscience et prendre la défense de l'innocence opprimée.

ALFRED.

Cela vient un peu tard, tu en conviendras , au bout de seize ans !

ERNEST.

Il n'est jamais trop tard pour rendre l'honneur à celui qui le perdit injustement.

AIR : Il me faudra quitter l'empire.

Demain, si le ciel me seconde ,
Avocat de l'humanité ,

Je saurai devant tout le monde
Faire briller la vérité.
O du barreau privilége sublime !
Est-il un sort plus glorieux,
Est-il un destin plus heureux ?
On rend l'honneur à celui qu'on opprime,
Et l'on se fait un nom fameux.

ALFRED.

Tout cela est superbe, mais ça ne dit pas quelle est ta nouvelle conquête de la rue Mouffetard.

ERNEST.

C'est un ange , mon cher Alfred !

ALFRED.

Un ange ? où diable l'as-tu rencontré ?

ERNEST.

Dans une des allées du Luxembourg, où j'allais étudier mon plaidoyer de demain... J'étais dans un coin à gesticuler... lorsque je m'aperçus que deux dames me regardaient attentivement ; je les regarde à mon tour... et je vois une jeune personne charmante ! ses vêtemens étaient ceux de la classe ouvrière.

ALFRED.

J'entends : la petite robe de jouy, le tablier noir , le schal de laine , et le bonnet de gaze... une grisette enfin.

ERNEST.

A peu près... mais son regard était si doux , et son maintien si décent, le son de sa voix était si pur et si céleste.

ALFRED.

Un ange ! ça ne peut pas être autrement ; et son nom ?

ERNEST.

Elle s'appelle Céline.

ALFRED.

Ah ! le nom n'est pas mal... mais le quartier seul ne t'a pas guéri de ta passion... la rue Mouffetard !

ERNEST.

Au contraire, car tous les renseignemens que j'y ai pris sur ces dames , se réunissent à les représenter comme dignes d'un meilleur sort par leurs vertus , leurs qualités ; et si je puis plaire à Céline , si l'on veut me l'accorder...

ALFRED.

Eh ! bien ?

ERNEST.

Eh ! bien , Alfred, je l'épouse !

ALFRED.

A d'autres.

ERNEST.

Comment ?

ALFRED.

Ne comptes pas que je te laisserai faire cette sottise-là.

ERNEST.

Alfred ?

ALFRED.

Non ; je me croirais déshonoré si mon ami prenait une femme rue Mouffetard.

ERNEST.

Mais encore !

ALFRED.

Je me battrais plutôt avec toi... que diable ! un jeune homme comme il faut doit choisir son quartier en fait de mariage.

AIR du vaudeville de l'Étude.

Si je voulais une élégante,
C'est quartier d'Antin que j'irais,
Si je voulais une innocente,
J'irais la chercher au marais.
Si je voulais riche héritière,
Je courrais faubourg Saint-Martin ;
Si je voulais une douairière,   } bis.
J'irais au faubourg Saint-Germain.

Mais que veux-tu avoir de bon rue Mouffetard ?

(On entend fredonner Richard.)

ERNEST, regardant à sa droite.

Silence !... c'est lui.

ALFRED.

Qui, lui ?

ERNEST.

Ah ! oui, tu ne sais pas... un pauvre chiffonnier qui demeure dans la maison de Céline... je le guette depuis trois jours... moyennant un peu d'or il peut me rendre un service important... assurons-nous bien que c'est lui.

ALFRED.

Que l'amour me paraît drôle sous le bonnet carré d'un avocat.

(Ils se mettent à l'écart sans disparaître.)

SCÈNE II.

LES MÊMES, LE PÈRE RICHARD, avec sa hotte, son crochet et son fallot.

RICHARD.

Ouf ! me voilà enfin chez moi !... reposons-nous un moment, et buvons la petite goutte d'eau-de-vie, avant de rentrer. (Il s'assied sur le banc, après avoir placé son fallot par terre et sa hotte à côté de lui.) Ah ! ça délasse... Quel état que le mien !... obligé de courir toute la nuit... et marcher courbé sous le poids toujours croissant de cette hotte... mais comme on dit : quand on n'est pas content, il faut être philosophe. (Il tire une bouteille d'osier de sa poche, la débouche et boit.) La philosophie et le cognac... ça vous reconforte diablement un homme.

ERNEST.

Il parle de philosophie, c'est bien lui.

ALFRED.

Mais je crois aussi reconnaître cet homme, à son langage original.

ERNEST.

En vérité?...   (Ils se parlent tout bas.)

RICHARD.

AIR de Lantara.

Toujours gai dans mon infortune,
Je fuis les douceurs du sommeil,
Et me moquant d' la loi commune,
La lune, voilà mon soleil!... (bis.)

Puis en dormant j'attends que la nuit sombre
Sur l'horizon soit encor de retour !
Mais que de gens, comme moi, cherchent l'ombre,
Et qui craindraient de paraître au grand jour.

ERNEST, à Alfred.

Avançons.

RICHARD.

Qui va là ?

ALFRED.

C'est nous, brave homme, c'est nous.

RICHARD.

Nous ! nous !... ce n'est pas un nom, cela.

ALFRED.

Oh ! nous sommes gens de connaissance.

RICHARD.

C'est possible ; mais je vous avertis que je ne connais que de braves gens.

ERNEST.

Nous sommes faits pour nous entendre.

ALFRED, s'approchant de Richard.

N'est-ce pas vous qui le mois dernier êtes venu rapporter à madame de Saint-Phal, ma tante, un écrin de trente mille francs, qu'elle avait laissé tomber en montant en voiture ?

RICHARD, se levant.

C'est moi-même... ah ! c'est madame votre tante!... excellente femme, ma foi !... Elle m'a joliment récompensé... un billet de mille francs !... C'était une bonne journée... c'est-à-dire une bonne nuit... Mais qui diable vous conduit si tard dans ces quartiers perdus ?...

ERNEST.

C'est un service important que je viens vous demander.

RICHARD.

A moi? est-ce que vous auriez égaré quelques bijoux ?

ALFRED.

Au contraire... Connaissez-vous une jeune personne qui demeure dans cette maison ?

(Il désigne la maison du n° 13.)

RICHARD, regardant.

Dans cette maison ?

ALFRED.

Oui, qui demeure dans cette maison avec une vieille dame, et que l'on appelle Céline ?

RICHARD, marquant un peu de curiosité.

Si je la connais, mademoiselle Céline !... Je la connais comme si... Mais qu'est-ce que vous lui voulez, messieurs, à mademoiselle Céline ?... l'innocence, la vertu même !

ERNEST.

Tu l'entends, Alfred, je ne lui fais pas dire.

ALFRED, bas à Richard.

Vingt francs de récompense, si vous voulez en dire du mal ?

RICHARD.

Ah ! ah !

ERNEST, bas à Richard.

Tu loges dans cette maison ? Vingt francs

pour toi, si tu veux lui remettre une lettre de
ma part.

RICHARD.

Oh! oh!... Attendez donc, que je voye un
peu clairement à qui j'ai affaire. (Il va prendre
son fallot et les regarde de la tête aux pieds.) Vous
me paraissez bien beaux et bien farauds pour
une petite ouvrière.

ERNEST, avec feu.

Croyez bien, brave homme, que je n'ai que
les intentions les plus honnêtes.

RICHARD, le regardant avec son fallot.

C'est possible.

ALFRED, à demi-voix à Richard.

Ne l'écoutez pas, c'est un séducteur!

RICHARD.

Vous m'avez bien l'air de ça tous les deux.

ERNEST.

J'aime mademoiselle Céline à la folie, et
je veux l'épouser.

ALFRED, de même à Richard.

Vous sentez bien qu'on dit toujours cela...
mais moi qui le connais...

RICHARD, posant son fallot par terre.

Ah! çà, voyons, tâchez de vous entendre;
monsieur me dit que c'est pour le bon motif,
et monsieur me dit le contraire; que faut-il
que je croie?

ERNEST.

Comment! Alfred... ce que tu fais là est fort
mal!

ALFRED.

Ma foi, mon cher, je t'en avertis, je ferai
ce que je pourrai pour te détourner de ton ri-
dicule projet... Tiens, je prends ce brave homme pour juge; et je veux qu'il prononce dans
cette affaire, avant de se charger de la com-
mission que tu lui proposes.

RICHARD.

C'est dit, me v'là juge; voyons, de quoi
s'agit-il?

ALFRED.

Monsieur est avocat...

RICHARD, avec enthousiasme.

Monsieur est avocat?... Honneur et respect
aux avocats! Tel que vous me voyez, je les es-
time et je les aime les avocats. Il n'y a que les
procureurs que je n'ai jamais pu sentir... Oh!
les procureurs!... Vous me disiez donc que
monsieur est avocat.

ALFRED.

Il doit devenir la gloire du barreau moder-
ne; ses talents peuvent lui faire faire un mariage superbe... Il y a, rue de Provence, une
jolie veuve, propriétaire de trois hôtels et qui
est en marché d'un quatrième, rue Saint-Georges, qui raffole de lui; une femme riche à
million... enfin une femme adorable. Eh bien!
monsieur veut épouser une petite ouvrière.

RICHARD, à Alfred en riant.

Vraiment, il veut épouser la petite ouvrière

qui demeure là, et vous, vous ne voulez pas
qu'il l'épouse?...

ERNEST.

Oui, monsieur, ne le veut pas; mais je
suis orphelin, maître absolu de mes volontés;
Céline me plaît, ses vertus valent à mes yeux
toutes les richesses, et je l'épouserai... si je suis
assez heureux pour en être aimé.

ALFRED.

Et moi je te dis que tu ne l'épouseras pas;
ce brave homme est trop honnête pour se charger de ta lettre.

RICHARD.

Moi! eh bien, voilà ce qui vous trompe: je
suis honnête... je ne dis pas non; mais je me
chargerai de la lettre.

ERNEST, avec joie.

Quoi! vous seriez assez bon!

RICHARD.

Donnez-moi ça, mon avocat; (il prend la lettre.) c'est comme si la petite la tenait. Je connais ces dames, je leur rends de temps en temps
quelques petits services... Demain matin, j'entre
chez elles comme pour demander si elles ont
besoin de moi... je m'approche de mademoiselle
Céline, et tandis que la vieille aura le dos tour-
né... pst!... je lui fais un signe, et puis je lui
glisse le poulet dans la main.

ALFRED, riant.

Le drôle n'en est pas à son apprentissage.

RICHARD.

Dam'! dans mon état, il faut faire un peu de
tout pour gagner sa vie... Vous sentez bien que
ce n'est pas en ramassant des chiffons et en ar-
rachant les affiches qu'on peut vivre honora-
blement... ah!... il y a de mauvais jours, c'est
vrai; mais quand on n'est pas content, il faut
être philosophe.

ERNEST, donnant une pièce d'or à Richard.

Voici d'abord vingt francs pour le message.

RICHARD.

Merci, mon avocat.

ERNEST.

Et si tu m'apportes demain une réponse favorable, je t'en promets le double.

RICHARD.

Ça n'est pas de refus...

ALFRED.

Ah! mon dieu, sa réponse sera favorable...
une petite ouvrière.

RICHARD.

On ne sait pas... queuque fois... Mon avocat,
où faudrait-il vous porter la réponse?

ERNEST.

Demain matin, au Palais-de-Justice, si vous
voulez.

RICHARD.

Tiens, ça se trouve bien; justement j'ai affaire par là... Qui demanderai-je au Palais?

ERNEST, *indifféremment, occupé à regarder la croisée de Céline.*

Ernest d'Arleville.

RICHARD, *avec surprise.*

D'Arleville ! dites-vous ?

ERNEST, *de même.*

Mon nom vous est connu ?

RICHARD, *avec enthousiasme.*

Comment, c'est vous, monsieur, qui avez pris la défense de ce pauvre négociant ?

ALFRED.

Ah ! ah ! vous connaissez cette affaire ?

RICHARD, *vivement.*

Oh ! oui, je connais cette affaire... (*indifféremment.*) je l'ai lue dans les journaux.

ALFRED, *souriant.*

Comment vous lisez aussi les journaux ?

RICHARD.

Un peu, si vous voulez bien le permettre, mon officier ; tous les matins je me régale du journal du soir. (*A Ernest.*) Quoi ! mon avocat, c'est vous qui plaidez demain pour M. Franval ?

ERNEST.

C'est moi-même ; et j'espère bien lui faire rendre la fortune et l'honneur.

RICHARD.

L'honneur d'abord, c'est déjà une assez jolie fortune... C'est un fameux service que vous lui rendrez !...'et dire que personne ne vous a chargé de ce soin... Car il n'y a pas à dire, personne ne vous en a chargé. Vous êtes un digne jeune homme, vous pouvez vous en vanter hardiment. (*Il prend son fallot.*)

Air d'Aristippe.

Toujours sans chagrin et sans gêne,
Dans la nuit, avec mon fallot,
Je ressemble à ce Diogène
Qui, dit-on, n'était pas un sot. (*bis.*)
Comme ce sage, qu'on renomme,
De Paris battant le pavé,
Depuis quinze ans je cherche un homme,
Et je crois que je l'ai trouvé.

Aussi vous pouvez être tranquille, mademoiselle Céline aura la lettre, et je me charge de l'apostiller de la bonne manière.

(*Il va près du banc et regarde dans sa hotte.*)

ALFRED, *à Ernest.*

Tu as là une jolie recommandation.

RICHARD, *de même*

La recommandation n'est pas belle, mais elle en vaut peut-être ben une autre... Ah ! ah ! nous sommes éveillé ?

ALFRED, *à Richard.*

A qui parlez-vous donc là ?

RICHARD.

A un joli petit griffon que j'ai trouvé dans mes courses nocturnes. Il faut qu'il appartienne à quelqu'un de riche, car il a un collier garni en or ; il était à la porte cochère d'un banquier... ma meilleure pratique !... un homme qui jette l'argent par les fenêtres ; il y a toujours quelque chose à ramasser à sa porte. J'allais, comme ça lancer mon crochet dans un grand tas de papier, lorsque j'entends... brr... ahou !... je regarde, et j'aperçois le plus joli petit griffon... c'était monsieur que voilà... je veux le prendre, brr, ahou... br !... qu'il me fait... mais vous entendez bien qu'on n'a pas peur d'une bête comme celle-là, ce n'est pas dangereux... elle est trop petite. Si c'était une grande, je ne dis pas. Alors je vous le saisis bravement par le chignon du cou... Il n'était pas content; mais je lui dis : mon petit ami, j'en suis bien fâché ; quand on n'est pas content, il faut être philosophe. Je le campe dans le fond de ma hotte, où il a dormi jusqu'ici... Ce que c'est que la résignation !

ALFRED.

Il dormait, l'ingrat ! et sa maîtresse va passer la nuit dans les larmes.

RICHARD.

Elle se désole à cette heure, j'en suis sûr, ni plus ni moins que si elle avait perdu son mari... et peut-être davantage... Il me semble que je l'entends : (*Imitant une voix de femme.*) Mon pauvre fox ! mon cher petit azor ! mon toutou ! Va-t-en voir s'ils viennent... Heureusement l'adresse est sur le collier. J'irai demain consoler les affligés ; la dame aura son chien, et vous aurez votre réponse ; allez vous coucher, et dormez sur les deux oreilles. (*En disant cela, il se charge de sa hotte.*) Oh ! oui, vous pouvez vous vanter de rendre un fameux service à ce pauvre diable de négociant... Sans adieu, mon avocat. (*A Alfred.*) Vous aussi, monsieur l'officier. (*A Ernest.*) Dites donc, il ne veut pas que vous épousiez la petite Céline !... Comme si ça le regardait...

(*En goguenardant.*)

Air : *Vraiment ceci dérange.* (LE COMPAGNON D'INFORTUNE.)

Vraiment, dans cette affaire,
Et pour cette union,
Votre permission
Nous semble nécessaire.
Nécessaire.
En vérité (*bis.*)
Il prend les airs d'oncle ou de père ;
Mais pour cet hymen projeté,
Nous bravons son autorité.

ENSEMBLE.

Vraiment, pour cette affaire, etc.

(*Richard entre dans la maison n° 13; Alfred et Ernest sortent par le fond.*)

ACTE SECOND.

Le théâtre change, et représente une chambre fort simple, mais propre; on y voit un métier à broder, et plusieurs chaises.

SCÈNE I.

CÉLINE ; Mme GERVAL, un bougeoir à la main.

CÉLINE.

Ne te fâche pas, bonne Thérèse, puisque tu dis que cela est mal, je ne paraîtrai plus le soir à la fenêtre de la rue... aujourd'hui je ne l'ai pas ouverte.

MADAME GERVAL.

Ce jeune étourdi n'est peut-être pas venu.

CÉLINE.

Il est venu, mais il n'était pas seul, et je n'ai pas osé me montrer.

MADAME GERVAL.

Comment ! l'imprudent s'est fait accompagner par quelqu'un.

CÉLINE.

Cette rue est bien isolée, bien obscure.

MADAME GERVAL.

Crois-moi, Céline, ce jeune homme veut te tromper ; tout annonce en lui une personne fort distinguée, et comme il n'a pu te juger que sur ton modeste costume, il a dû te prendre pour une petite ouvrière du quartier.

CÉLINE.

Suis-je donc autre chose, Thérèse : pauvre orpheline, élevée par tes soins, je n'ai jamais connu mes parents.

MADAME GERVAL.

L'éducation que je t'ai donnée, n'est pas celle d'une simple ouvrière ; et si les circonstances nous ont forcées d'avoir recours au travail, il est possible que des temps plus heureux arrivent.

CÉLINE.

Je me trouve si bien comme je suis !

MADAME GERVAL.

Allons, mon enfant, il faut terminer les broderies de cette robe ; tu sais que nous l'avons promise pour demain à Madame de Verseuil, cette jeune veuve de la rue de Provence, notre meilleure pratique.

CÉLINE.

Une heure suffit pour la finir.

(Elles placent le métier à broder au milieu du théâtre.)

MADAME GERVAL, s'asseyant au métier.

Et selon l'usage, en travaillant, tu vas me chanter une petite romance.

CÉLINE l'imite.

Chanter !

MADAME GERVAL.

Oui, oui... pour me distraire, et puis pour t'empêcher de réfléchir.

CÉLINE.

Comme tu voudras.

(On entend frapper à la porte de la chambre.)

MADAME GERVAL, se levant.

Qui peut donc nous venir à l'heure qu'il est?

CÉLINE.

Quelque commande pressée sans doute.

MADAME GERVAL va ouvrir.

Ah ! c'est vous, voisin?

SCÈNE II.

LES MÊMES, RICHARD.

RICHARD.

Pardon... excuse... voisines !... si je vous dérange... je m'en vas d'abord.

MADAME GERVAL.

Entrez... entrez... nous sommes seules.

RICHARD.

A la bonne heure, car je ne veux gêner personne... En montant à mon sixième, j'ai vu de la lumière à travers les joints de votre porte... qui ne sont pas joints du tout... et j'ai dit : il faut que je demande à madame Gerval et à mamz'elle Céline s'il y a quelque chose à faire pour leur service, demain matin.

MADAME GERVAL.

Merci, voisin.

CÉLINE, allant chercher une chaise.

Asseyez-vous, monsieur Richard.

(Elle reprend sa place.)

RICHARD.

Oh ! ça n'est pas de refus !... j'ai fait les trois quarts de Paris, ce soir.

MADAME GERVAL, travaillant.

Vous êtes pourtant rentré de meilleure heure que de coutume.

RICHARD.

C'est vrai... mais c'est que demain il n'y aura pas moyen de dormir.

CÉLINE, travaillant.

Est-ce que vous n'allez pas bientôt quitter le vilain métier que vous faites? on dit dans le quartier que vous êtes riche comme un Crésus.

RICHARD.

C'est ça, parce qu'on a amassé par-ci, par-là, quelques pièces de six liards qui ne doivent rien à personne, ils disent que j'ai des cruches pleines d'or... Quant à mon état, mam'zelle, il n'est pas beau, je le sais... mais on n'est pas toujours maître de choisir... d'ailleurs comme on dit, il y a de sottes gens et pas de sot métier... et puis quand

on n'est pas content, il faut être philosophe...
c'est mon système.

MADAME GERVAL.

Quand vous êtes entré, voisin, Céline allait
chanter.

RICHARD.

Eh bien! est-ce que je lui fais peur?... oh!
j'aime la musique moi!... tel que vous me voyez,
je suis un dilettante.

CÉLINE.

J'allais justement chanter la romance du chiffonnier, que Thérèse m'a apprise.

RICHARD.

La romance du chiffonnier!... il y a une romance qui s'appelle ainsi... ça me regarde...

CÉLINE.

Écoutez donc.

ROMANCE.

AIR nouveau de M. Blanchard.

PREMIER COUPLET.

Victime de la calomnie,
Un homme riche et vertueux,
Etait promis à l'infamie
Par un jugement rigoureux.
Il avait connu l'opulence,
Il se logea dans un grenier...
Et pour cacher son existence } *bis.*
Il prit l'état de chiffonnier.

ENSEMBLE.

Et pour cacher son existence
Il prit l'état de chiffonnier.

DEUXIÈME COUPLET.

CÉLINE.

Caché dans l'ombre tutélaire,
Il sut braver l'adversité,
Et le fardeau de sa misère
Était porté par sa gaîté.
Mais inconnu de sa famille
Et séparé du monde entier,
Il n'osait embrasser sa fille... } *bis.*
Plaignez le pauvre chiffonnier. }

ENSEMBLE.

Il n'osait embrasser sa fille,
Plaignez le pauvre chiffonnier.

(Pendant ces deux couplets, Richard paraît oppressé par
ses larmes.)

RICHARD, après avoir essuyé ses yeux, reprend un peu
de calme.

Bah! bah! bah! c'est un conte que tout cela...
le métier serait trop rude pour un homme qui
aurait été riche; vous me direz que quand on
n'est pas content, il faut être... comme moi, par
exemple... mais ce qui me chiffonne là-dedans,
c'est qu'on veut me faire croire qu'un chiffonnier
ait pu être autre chose de sa vie, qu'un chiffonnier.

CÉLINE.

Vous avez donc toujours fait ce métier, monsieur Richard?

RICHARD, regardant madame Gerval qui s'endort.

Moi, mademoiselle Céline... oui, et non... je
m'étais d'abord mis dans l'idée de me laisser
pousser une longue barbe..

CÉLINE, surprise.

Pour vous déguiser?

RICHARD.

Oh! non... qu'est-ce que j'ai besoin de me déguiser, moi?... c'était pour servir de modèle
aux peintres, et en attendant je posais pour les
nez romains et les yeux carthaginois... car, tel
que vous me voyez, j'ai toujours eu un nez...

CÉLINE, riant.

Je le crois bien.

RICHARD.

Laissez-moi donc achever... j'ai toujours eu un
nez magnifique et pas cher, comme on dit... car
je le prêtais à cinq sous la séance.

CÉLINE, travaillant.

Ce pauvre monsieur Richard.

RICHARD, bas.

Prenez la lettre.

CÉLINE, qui ne comprend pas.

Comment?

RICHARD, bas.

La lettre!

CÉLINE.

Une lettre pour moi, et de qui?

RICHARD.

Du jeune homme en question.

CÉLINE, avec un effroi mêlé de joie.

Il m'écrit!

RICHARD.

Oui.

CÉLINE, prenant la lettre.

Thérèse! Thérèse!

MADAME GERVAL, se réveillant.

Qu'est-ce, Céline?

CÉLINE.

Tiens, ma bonne, voilà une lettre de ce jeune
homme, tu sais bien... et c'est le voisin qui me
l'a remise.

MADAME GERVAL.

Comment? vous en qui j'avais toute confiance,
vous avez pu consentir... ah! voisin, je ne suis
pas contente.

RICHARD.

Alors, il faut être philosophe... j'ai tort, peut-
être; mais dame, voisine, ce jeune homme est
avocat; il a une éloquence de diable, aussi
m'a-t-il embarlificoté malgré moi, et puis il a de
bonnes intentions, voyez-vous!... il aime sincè-
rement mademoiselle Céline... il veut l'épouser.

CÉLINE, vivement.

Il veut m'épouser?

RICHARD.

Avec votre permission, mamz'elle, et celle de
madame Gerval, bien entendu... Alors, quand
j'ai vu ça, moi... j'ai dit: un brimborion de papier qui n'est pas timbré, car vous voyez bien

que le papier n'est pas timbré, ça n'engage à
rien... et à la place de mademoiselle...

MADAME GERVAL, surprise.

Vous liriez cet écrit?

RICHARD.

Pourquoi pas?

MADAME GERVAL.

Céline, es-tu de cet avis?

CÉLINE.

Non, ma bonne... à quoi cela pourrait-il me
conduire? Ce jeune avocat ne peut être mon
mari, sa famille n'y consentirait jamais; je ne
dois point recevoir de lettres de lui! (Prenant la
lettre des mains de madame Gerval.) Tenez, voisin,
puisque vous vous êtes chargé de me l'apporter,
j'espère que vous vous chargerez de la rendre, en
disant à ce jeune homme que s'il m'aime comme
il vous l'a dit, la plus grande preuve qu'il puisse
m'en donner, c'est de ne plus chercher à me voir.

MADAME GERVAL.

Bien, Céline! bien, ma chère enfant! Ah! je
te reconnais là.

(Elle l'embrasse.)

CÉLINE, à part, tristement.

J'aurais pourtant bien voulu savoir ce qu'il
m'écrivait.

RICHARD, avec intention marquée.

Mademoiselle!... c'est bien ce que vous venez
de faire... et j'étais sûr d'avance de votre réponse! (Avec force.) Ce beau jeune homme aura
sa lettre... et je ne manquerai pas de lui dire :
Jeune homme, vous ne connaissez pas main'selle
Céline... vous l'aimez... mais vous perdez votre
temps... Vous lui écrivez, mais c'est comme si
vous chantiez... elle ne vous répondra pas. .

CÉLINE.

Oh! non certes '...

RICHARD.

Elle ne vous aimera pas.

CÉLINE.

Mais...

RICHARD.

Et vous pouvez chercher fortune ailleurs.

CÉLINE.

Pourtant...

RICHARD.

Apprenez à connaître le beau sexe de la rue
Mouffetard!... Ce n'est plus le même sang que
de l'autre côté du pont... Voilà votre belle lettre... elle est bonne à jeter au coin de la borne;
et si vous n'êtes pas content, eh bien! il faut
être philosophe.

CÉLINE.

Mais pourtant, voisin, il ne faudrait pas lui
faire de la peine...

RICHARD.

Le plus souvent que je vais le ménager... un
beau monsieur qui ose vous aimer.... un avocat
qui s'avise de vouloir vous épouser... Oh! demain
je lui dirai son fait!

CÉLINE.

Il ne faut pas!...

MADAME GERVAL.

Allons, allons, il est tard, voisin... il faut
vous retirer.

RICHARD.

C'est juste... il me faut être demain de bonne
heure au Palais-de-Justice; et puis je ne suis pas
ici chez moi!... Il y a encore cinq étages et une
échelle à monter. Voulez-vous me permettre
d'allumer mon rat-de-cave? (Il allume sa bougie.)
Bonsoir, madame Gerval... (Il fixe Céline avec
intérêt.) Adieu, mademoiselle Céline. Tiens, v'là
vot' diable de chanson qui me revient dans
l'idée...

(Il chante.)

Il ne peut embrasser sa fille.

CÉLINE.

Ce n'est pas ça, voisin.

(Elle chante, l'orchestre reprend la fin de l'air.)

Il n'osait embrasser sa fille,
Plaignez le pauvre chiffonnier.

RICHARD, regardant madame Gerval.

Ah! oui, c'est vrai; il pouvait bien, mais il
n'osait pas.. Allons, bonne nuit, voisines,
bonne nuit!

CÉLINE et MADAME GERVAL.

Bonsoir, voisin, bonsoir.

(Richard sort oppressé; les dames le reconduisent et ren-
trent du côté opposé.)

ACTE TROISIÈME.

Le théâtre représente la salle des Pas-Perdus, au Palais-de-Justice ; on voit écrit sur la porte du fond : TRIBUNAL DE PREMIÈRE INSTANCE. Elle s'ouvre : il en sort une foule de monde et d'avocats. Ernest est entouré de jeunes avocats qui le félicitent avec la franchise de leur âge. Deux vieux avoués sortent aussi de la salle, chargés de paperasses. Ils font, par leurs figures mécontentes, une opposition au tableau.

SCÈNE I.

ERNEST, Mᵉ CHAPOULARD, Mᵉ GRIPE-FORT, Avocats.

CHŒUR DES JEUNES AVOCATS, entourant Ernest, qui est en robe comme eux, et s'essuie le front comme un homme qui vient de plaider.

AIR d'Une Chasse.

C'est fort bien, c'est très-bien ;
Quel talent est le tien !
  O puissance
  De l'éloquence !
  L'innocence
Triomphe aujourd'hui de l'erreur ;
Tu viens de lui rendre l'honneur.

ERNEST.

Que ce suffrage, amis,
Pour mon cœur a de prix !
Chacun de vous, je croi,
Aurait fait comme moi.

CHŒUR.

C'est fort bien, c'est très-bien, etc.

Mᵉ GRIPEFORT.

Maître d'Arleville veut-il me permettre de joindre mes félicitations à celles de ses jeunes confrères.

Mᵉ CHAPOULARD.

Je m'y joins aussi de tout mon cœur... on ne saurait plaider avec plus de facilité.

Mᵉ GRIPEFORT.

Le point de droit a été merveilleusement discuté.

Mᵉ CHAPOULARD.

Et le fait admirablement éclairci.

Mᵉ GRIPEFORT.

Malheureusement ce triomphe ne sera guère profitable au négociant Franval, votre client.

Mᵉ CHAPOULARD.

Ce pauvre diable est mort à Bruxelles et ne laisse pas d'enfants.

ERNEST.

Sa mémoire du moins sera respectée, messieurs.

AIR : Ce que j'éprouve en vous voyant.

Au tombeau quand l'homme descend,
Dans son nom il semble revivre ;
Et ce nom qu'au public il livre,
Accuse l'homme ou le défend :
Chacun le juge en cet instant.
Heureux en quittant cette terre,
Celui qui, ne possédant rien,
Fait dire à chaque citoyen :
Le sort ne lui fut pas prospère
Mais il était homme de bien. (bis.)

SCÈNE II.

LES MÊMES ; LE PÈRE RICHARD, endimanché et portant une longue redingote verte.

RICHARD, s'approchant à travers la foule.

Pst ! pst ! mon avocat !... c'est moi.

ERNEST.

Qui, vous ?

RICHARD.

Moi ! vous savez bien ! le chiffonnier de la rue Mouffetard...

ERNEST, bas.

Ah ! fort bien... attendez-moi... je vais quitter ma robe et je suis à vous dans l'instant.

RICHARD.

Oh ! vous, mon avocat, vous pouvez quitter votre robe tant que vous voudrez, votre talent vous restera toujours. Je viens de vous entendre plaider.

(Ernest sort.)

SCÈNE III.

LES MÊMES, excepté ERNEST.

RICHARD, aux avocats.

Brave jeune homme ! comme ça parle, et comme ça fait parler les autres... Les juges, l'auditoire, les avocats, ils étaient tous attendris... Il me semble entendre encore M. le président... (Imitant le président.) *Considérant !...* les belles choses qu'on a dites sur ce considérant... *Considérant !...* il n'y avait que des vérités !... *Considérant !...* c'était toujours la même chose... *Arrête !...* et voilà un brave homme réhabilité... un brave homme qui peut lever la tête et marcher comme ci-devant... Gare que je passe !... Dieu de Dieu que c'est beau la justice !... quand elle est juste.

(Richard se met à causer avec plusieurs jeunes avocats.)

Mᵉ GRIPEFORT, à Mᵉ Chapoulard.

Que dites-vous de son plaidoyer, maître Chapoulard ?

Mᵉ CHAPOULARD.

Mais, vous-même, qu'en pensez-vous, maître Gripefort ?

Mᵉ GRIPEFORT.

Pour de jeunes stagiaires, c'est superbe... mais pour nous, vieux avoués !... nous en avons entendu bien d'autres, et je ne crois pas que maître d'Arleville aille aussi loin qu'il le croit.

(Richard se retourne.)

Me CHAPOULARD.

Il ne parle pas mal... mais il n'a pas de ça.

RICHARD, s'approchant des avoués.

Qu'est-ce qui dit qu'il n'a pas de ça?

Me GRIPEFORT.

Hein!... quel est cet homme?

RICHARD.

Et je dis qu'il en a, moi!

Me CHAPOULARD.

Mêlez-vous de vos affaires, bonhomme.

RICHARD.

Bonhomme, tant que vous voudrez, mais je prendrai la défense d'un brave et digne jeune homme qui défend si bien les autres, et je vous prouverai qu'il a de ça.

LES DEUX AVOUÉS.

Mais, l'ami!

RICHARD.

Oui, messieurs, il en a!... et quel est celui qui osera soutenir le contraire?

Air : On dit que je suis sans malice.

Ne prenant que son cœur pour guide,
D'une trame noire et perfide,
Il sauve l'homm' qu'on opprima.
Et l'on dit, qu'il n'a pas de ça!
Un tel propos me semble infâme,
Mais la preuve qu'il a de l'âme,
C'est qu'il prend l'état d' défenseur
Quand il pouvait s' faire procureur.

Me GRIPEFORT.

Maître Chapoulard, je crois que le *quidam* nous insulte.

Me CHAPOULARD.

Ça m'en a tout l'air, maître Gripefort.

RICHARD.

Eh quoi!... ces messieurs seraient procureurs?... avec ces robes... ils ont tous la même tournure... je conçois, messieurs, que vous ne soyez pas contents, mais alors il faut être...

Me GRIPEFORT, regardant Richard avec un lorgnon.

Mais je crois reconnaître le susdit.

RICHARD.

Laissez-moi donc tranquille, je ne connais pas de procureur!

Me GRIPEFORT.

Eh! oui; c'est vous qui êtes venu m'apporter, il y a quelque jours... une lettre, et quelques papiers, pour un M. Dérimont, capitaliste.

RICHARD.

C'est vrai; comment, c'est vous qui êtes monsieur Gripefort, l'avoué? (il le regarde.) c'est juste... c'est vous!... dame, je ne vous aurais jamais reconnu sous l'uniforme de la justice... je ne vous ai vu que dans votre étude... où il n'est pas question de justice du tout.

Me GRIPEFORT.

Oui, mon ami, c'est moi-même... maître Gripefort, avoué de M. Dérimont... et comme ce M. Dérimont, que je n'ai pas encore vu, a oublié de joindre son adresse à sa lettre... vous pouvez aller lui dire, de ma part, que s'il ne vient pas signer aujourd'hui même, et porter les fonds, il peut renoncer à l'acquisition qu'il veut faire.

RICHARD.

Diantre! je vais lui dire ça bien vite, car il paraît tenir beaucoup, mais beaucoup... à ce petit hôtel de la rue Saint-Georges.... oh! il y tient...

Me GRIPEFORT.

Et il a raison, car l'hôtel est à peine payé cent mille francs, et le mobilier, par conséquent, est pour rien.

(Il remonte la scène.)

Me CHAPOULARD, imitant son collègue.

(A Richard.) Quant à vous, mon ami, apprenez à respecter la robe que nous portons... si nous étions méchants, nous pourrions vous faire de la peine.

RICHARD.

Dame! aussi, pourquoi dites-vous qu'il n'a pas de ça.

Me GRIPEFORT, revenant sur ses pas.

Eh! mon Dieu, il en a tant que vous voudrez, de ça!

RICHARD.

Du moment que vous en convenez, il n'y a plus rien à dire... c'est bon.

(Les deux avoués sortent.)

SCÈNE IV.

ERNEST, RICHARD.

ERNEST, qui a quitté sa robe.

Ah! vous voilà, brave homme... eh bien! la réponse?

RICHARD, lui donnant une lettre.

La voici, mon avocat.

ERNEST.

Ciel! mais c'est ma lettre.

RICHARD.

Je ne vous dis pas le contraire.

ERNEST.

Elle a refusé de la lire?

RICHARD.

Comme vous dites.

ERNEST, contrarié.

Vous aurez fait quelque maladresse.

RICHARD.

Allons!... vous verrez que ce sera ma faute, à présent!... mon avocat, je m'étais chargé de remettre le poulet, et je l'ai fait avec toute la probité qui me distingue... mais je ne m'étais pas engagé à le faire lire à mamz'elle Céline... si vous m'eussiez consulté là-dessus, je vous aurais dit: dans la rue Mouffetard, les jeunes filles ne lisent jamais les billets doux, et il y a de bonnes raisons pour ça.

ERNEST.

Ah! mon Dieu! Céline ne sait peut-être pas lire!...

RICHARD.

C'est encore possible... mais ce qu'il y a de
sûr, c'est qu'elle n'a pas lu votre lettre.

ERNEST.

Un autre se plaindrait de sa rigueur, et moi...
cette réserve me la rend encore plus chère!...
oui, j'ai eu tort d'écrire! comme mes intentions
sont pures, j'aurais dû me présenter moi-même;
cette démarche est nécessaire, c'est à la dame
qui veille sur elle qu'il faut s'adresser, et puisque me voilà libre de tous soins en ce moment,
je vais de ce pas...

(Fausse sortie.)

RICHARD, à part.

Excellent jeune homme! du talent et des
sentiments.

SCÈNE V.

LES MÊMES, UN GARDE DU COMMERCE.

LE GARDE, à Ernest qui est prêt à sortir.

C'est à monsieur Ernest d'Arleville, que j'ai
l'honneur de parler?

ERNEST.

Oui, monsieur.

LE GARDE, le retenant à l'écart.

Monsieur, c'est avec regret que je me vois
forcé d'exercer mon cruel ministère contre un
homme d'un talent et d'un caractère si distingués.

ERNEST, avec surprise.

Ciel! parlez bas.

(Il s'éloigne de Richard.)

RICHARD, à part.

C'est sans doute quelque gros plaideur nor-
mand qui a besoin de lui.

ERNEST, bas au garde.

Vous êtes garde du commerce?

LE GARDE.

Et comme tel, chargé de mettre à exécution
la sentence obtenue contre vous... Connaissant
votre caractère et votre respect pour les lois,
je suis venu seul, monsieur, pour vous épar-
gner le désagrément d'une arrestation publique... mes gens nous attendent dans une voiture, à quelque distance du grand escalier.

ERNEST.

Je vous suis obligé, monsieur, et votre confiance ne sera pas trompée.

RICHARD, à part.

C'est une affaire qui, je suis sûr, lui vaudra
de l'argent... les normands payent bien...
quand ils payent...

ERNEST, anéanti.

Que faire? que devenir? à qui m'adresser?...
j'ai des amis, mais je n'oserai jamais leur ap-
prendre... et cependant... je ne puis rester un
seul jour en prison... il y va de ma réputa-
tion... de ma fortune... (Par réflexion.) Ah!
madame de Verseuil... sa richesse, son amitié

pour moi... cette sensibilité exquise... dont
elle m'a donné tant de preuves. (Au garde du
commerce.) Monsieur, je suis à vous.

(Il va s'asseoir à une table d'écrivain qui se trouve dans
le fond, et écrit une lettre.)

RICHARD, s'approchant du garde du commerce.

(Bas.) Vous serez content de lui... c'est moi
qui vous le dis.

LE GARDE.

Comment?

RICHARD.

Un jeune homme qui sait son droit, comme
feu Cicéron... et un gaillard qui a de ça...

LE GARDE.

Je ne dis pas le contraire.

RICHARD.

Vous, je le crois bien; mais il y avait là,
tout à l'heure, deux avoués qui ne pensaient pas
de même... mais je leur ai fait convenir du
contraire... ah! qu'on ne me dise pas qu'il n'a
pas de ça, parcequ'il en a!... je le soutiendrai
devant tous les procureurs passés, présens et
futurs... et il ira fameusement loin, si on ne
l'arrête pas, celui-là.

ERNEST, la lettre à la main.

(A Richard.) Brave homme... une affaire im-
portante me force à suivre monsieur. (Il lui
donne une pièce d'or.) Voici la récompense que
je vous ai promise cette nuit... et voici une lettre que vous allez sur-le-champ porter à son
adresse.

RICHARD, lisant l'adresse.

« A madame de Verseuil, rue de Provence,
nº 50. » Tiens! c'est la maîtresse du griffon que
j'ai trouvé cette nuit; ça se trouve bien, justement j'y allais partir pour le rendre; je ferai,
comme on dit, d'une pierre deux coups... Y a
t-il une réponse?

ERNEST.

Je l'espère!... vous me l'apporterez à l'a-
dresse qu'elle vous donnera.

RICHARD.

C'est dit, mon avocat, c'est comme si vous la
teniez. (A part.) C'est peut-être une maîtresse...
je ne suis pas curieux mais, il faudra que je m'assure de cela!

ERNEST, au garde du commerce.

Nous allons partir, monsieur.

(Il regarde en soupirant la lettre qu'on lui a rendue.)

RICHARD.

AIR : Du courage (LE MAÇON).

(A Ernest.)
Quoi, cette lettre vous chagrine?
Allons, morbleu, de la gaîté!

ERNEST.

Vous deviez seule, ô ma Céline!
Disposer de ma liberté.

RICHARD, à part.

Sur ses traits quel sombre nuage,
Ce refus l'afflige, je gage.

ERNEST.

Hélas! qui me délivrera?

RICHARD, *sans intention marquée.*
Du courage, (*bis.*)
Les amis sont toujours là.

ERNEST, *s'en allant avec le garde, frappé du refrain
de Richard, s'arrête.*
Il a raison.

ENSEMBLE.

Du courage, (*bis.*)
Les amis sont toujours là.

(*Ils sortent.*)

ACTE QUATRIÈME.

Le théâtre représente une chambre de la prison de Sainte-Pélagie.

SCÈNE I.

ALFRED, *seul ; en entrant, il parle à la cantonade.*

Vous entendez, geolier, je suis chez moi pour
tout le monde!... pour les dames sur-tout!... et
je me flatte qu'il en viendra quelques-unes... ah!
me voilà installé dans mon nouveau domicile...
mais j'espère que ce ne sera pas pour long-
temps... (On entend parler dans la coulisse.) Qui
vient déjà me voir!... eh! c'est Ernest!

SCÈNE II.

ALFRED, ERNEST.

ERNEST.
C'est Alfred!

ALFRED.
Il a appris ma triste aventure.

ERNEST.
Il a su le malheur qui m'est arrivé.

ALFRED.
Et il vient me rendre visite à Sainte-Pélagie.

ERNEST.
Te rendre visite!... mais n'est-ce pas toi qui
viens visiter au contraire un pauvre prisonnier?

ALFRED.
Comment! ignores-tu que je suis coffré depuis ce matin?

ERNEST.
Quoi! tu ne sais pas que je suis arrêté depuis
une heure?

ALFRED.
En vérité!... mon ami, reçois donc mon
compliment de condoléance.

ERNEST.
Laisse-moi donc te faire le mien!

(*Ils s'embrassent.*)

ENSEMBLE.

AIR: Allons réveiller tout le monde.

Ernest,
Alfred, { du malheur qui t'arrive,
Je partage le déplaisir,
Mais par l'amitié la plus vive,
Ici je saurai l'adoucir.

ERNEST.
Oui, l'amitié qui nous honore
Peut bien embellir ce séjour;

Mais il le serait mieux encore
Par ma Céline et par l'amour. (*bis.*)

ENSEMBLE.

Ernest,
Alfred, { du malheur qui t'arrive, etc.

ALFRED.
Oui, mon cher, on m'a arrêté ce matin en
sortant du bal... mais toi, comment diable cet
accident t'est-il arrivé?

ERNEST.
En sortant de l'audience... où je venais d'ob-
tenir une victoire complète, en faisant réhabi-
liter le négociant Franval... un garde du commerce, fort poli du reste, est venu me faire
descendre de mon char de triomphe, pour me
faire monter dans un fiacre... et me voilà.

ALFRED.
Il fallait aller en référé.

ERNEST.
Je m'en serais bien gardé... l'essentiel pour
moi est de ne point ébruiter cette aventure,
qui me ferait le plus grand tort aux yeux des
puissances du palais... On ne s'informerait pas si
c'est pour obliger un ami que j'ai souscrit cette
maudite lettre de change; on ne penserait nul-
lement à la banqueroute que je viens d'éprou-
ver; on ne verrait que le fait matériel, et ma
carrière en souffrirait peut-être.

ALFRED.
Mais où vas-tu trouver les 6,000 francs qu'il
te faut pour sortir d'ici?

ERNEST.
Dans le premier moment de mon trouble,
j'ai sur-le-champ dépêché un messager à notre
riche et jolie veuve, madame de Verseuil; je
ne doute pas qu'elle ne se hâte de me délivrer;
mais en y bien songeant... je suis désespéré maintenant de lui avoir cette obligation.

ALFRED, *avec gaîté.*
Parbleu, je me suis aussi adressé à elle...
mais je n'ai pas le même scrupule, l'argent
qu'elle me prêtera je lui rendrai, et quant aux
intérêts.

AIR du vaudeville de l'Etude.

Mon cher ami, je te l'atteste,
Quoique je ne sois qu'un vaurien,
Le créancier le plus modeste,
Avec moi ne perd jamais rien !

Vois cet œil que l'amour enflamme,
Ce maintien noble et séduisant,
Et conviens, ici, qu'une femme
Ne peut mieux placer son argent.
(On entend Richard parler dans la coulisse.)

ERNEST.

Mais qu'est-ce donc que j'entends par là...
eh ! c'est le commissionnaire que j'ai envoyé à
madame de Verseuil... il paraît qu'elle n'a pas
fait attendre la réponse.

SCÈNE III.

LES MÊMES, LE PÈRE RICHARD.

RICHARD, à la cantonade.

C'est bon, c'est bon, monsieur des verroux
de sûreté, on sortira à l'heure dite. (A Ernest.)
Me voilà, mon avocat, me voilà... mille par-
dons si je vous ai fait attendre ; mais je n'ai pas
encore un équipage à mes ordres, et je ne mar-
che bien que la nuit, moi ; le jour, je suis tout dé-
sorienté... d'ailleurs j'ignorais que c'était ici
qu'il fallait vous apporter la réponse. (Tristement.) Vous, en prison, mon avocat, vous !...
et pour les dettes d'un autre... car j'ai tout appris chez votre belle dame de la rue de Provence... enfin, me voilà... c'est l'essentiel.

ERNEST, donnant une chaise à Richard.

Asseyez-vous, brave homme.

RICHARD.

M'asseoir devant un avocat... le plus souvent.... si c'était devant un procureur, je ne dis
pas.

ALFRED, gaîment.

On voit à votre gaîté que vous avez de bonnes nouvelles.

RICHARD.

De bonnes nouvelles ?... oui et non... d'a-
bord, quand je suis entré, mon avocat, cette
dame pleurait, ni plus ni moins qu'une Made-
leine.

ALFRED.

Elle pleurait ?... j'en étais sûr.

RICHARD, malignement.

Elle pleurait... son griffon que je lui rappor-
tais !... aussi dès qu'elle l'a revu, c'était une
joie ! un bonheur !... elle s'est jetée dans ses
bras... elle lui parlait... elle grondait... lui ne
savait plus où il en était... c'était à fendre le
cœur...

ALFRED.

Elle a l'ame si bonne.

RICHARD.

Oui, elle m'a l'air d'une gaillarde joliment
sensible !... alors, elle m'a fait donner la récompense honnête d'usage, et je lui ai remis votre
lettre.

ERNEST.

Ah ! et qu'a-t-elle dit en la lisant ?

RICHARD.

Ce qu'elle a dit ?... votre femme sensible s'est
mise à rire aux éclats, d'abord... et puis elle a
ajouté : « M. Ernest arrêté... c'est bien fait, cela
lui apprendra à faire des lettres de change ! »

ERNEST.

Comment ! madame de Verseuil a dit ça ?

RICHARD.

Ou approchant... vous sentez bien que je n'ai
pas appris son dialogue par cœur... tout ce que
je sais, c'est qu'elle vous engage à prendre pa-
tience.

ERNEST.

Je suis perdu !

RICHARD.

Ça vous afflige, je le vois, mais quand on
n'est pas content il faut être philosophe.

ALFRED, riant, à Ernest.

Te voilà bien avec tes scrupules, nous ver-
rons comme elle me traitera, moi.

RICHARD.

Est - ce que vous vous appelleriez monsieur
Alfred ?

ALFRED.

Oui, vraiment !... elle vous a parlé de moi ?

RICHARD.

Oh ! avec toute la sensibilité que vous lui
connaissez ; elle m'a dit qu'elle viendrait peut-
être vous voir vers la fin du mois prochain, ou
au commencement de l'autre, si elle a le temps.

ALFRED, vexé.

C'est une indignité !.... le mois prochain !
j'espère bien être sorti d'ici avant huit jours.

ERNEST, atterré.

Si j'y reste seulement jusqu'à demain, je suis
perdu, déshonoré !

RICHARD.

Vous n'y resterez pas, mon avocat.

ALFRED, étonné.

Comment ?

RICHARD, montrant un portefeuille.

Il y a là de quoi vous ouvrir toutes les portes.

ERNEST.

Que voulez-vous dire ?

RICHARD.

Rien que ce que je dis... quoiqu'on ne soit
qu'un chiffonnier, on a des connaissances...
dans notre état on trouve bien des choses :
tantôt, c'est un bracelet, un cachemire, ou le
petit chien égaré de quelque femme sensible
comme celle que je viens de voir de votre part...
on va rendre les objets trouvés... on jase avec le
bourgeois, et comme on n'est pas aussi bête qu'on
en a l'air, on captive la confiance et l'on de-
vient le factotum de la maison. Moi qui vous
parle, j'en ai plus de trente où je suis reçu
comme un véritable ami... Indigné de la froi-
deur de votre femme sensible, et voyant bien
tout le tort qu'allait vous faire votre emprison-
nement, j'ai pensé tout de suite à M. Déri-

mont... un bourgeois auquel j'ai porté, il y a
deux mois, un portefeuille qu'il avait perdu
dans une bagarre, et dans lequel il y avait deux
cent mille francs.

ALFRED.

Quel est ce M. Dérimont ?

RICHARD.

Oh ! vous ne le connaissez pas, j'en suis sûr ;
c'est un homme qui ne va pas dans le grand
monde, mais ça ne l'empêche pas d'être un brave
homme... c'est lui qui vient d'acheter ce joli
petit hôtel de la rue Saint-Georges... Pour reve-
nir... j'ai donc couru chez le bourgeois, je lui
ai confié l'embarras où vous étiez... je lui ai
vanté votre caractère...je lui ai dit ce que vous
aviez fait pour le négociant Franval qui fut
son meilleur ami.

ERNEST.

Franval était son meilleur ami ?

RICHARD.

Oh ! ami d'enfance, de collége, deux insé-
parables !... et alors, M. Dérimont n'en fait
ni une, ni deux, il ouvre son secrétaire, en
tire dix bons billets de mille francs qu'il me
met dans la main... pour vous délivrer vous et
votre ami.

ALFRED , avec transport.

Grand Dieu ! se peut-il ?

RICHARD.

Tiens, si ça ce peut... le père Richard n'a
jamais menti. (Il prend un portefeuille dans sa poche et l'ouvre.) Tenez, regardez-moi ça... en
voilà des chiffons... et d'une fameuse espèce.

ERNEST.

Et cet homme généreux, sans me connaitre...

RICHARD.

Oh ! il vous connait, il vous connait... pour
un excellent avocat ; pour un homme d'honneur.

ALFRED.

Mais , moi ?

RICHARD.

Vous...il vous connait aussi pour un homme
d'honneur, mais un peu mauvais sujet ; malgré
ça, du moment que vous êtes l'ami de M. Ernest, il n'est pas inquiet de son argent.

ALFRED.

Tout cela tient du prodige.

ERNEST.

J'accepte ce généreux secours.

ALFRED , vivement.

Nous acceptons.

ERNEST.

Et je veux que ma première visite soit pour
aller le remercier.

RICHARD.

Il y compte bien aussi, car il donne une fête , ce soir, pour pendre, comme on dit, la
crémaillère de son hôtel, et il vous envoie cette
invitation.   (Il lui donne une lettre.)

ERNEST.

Voyons. (Il lit.) « Monsieur Dérimont , an-
« cien capitaliste, prie monsieur Ernest d'Arle-
« ville de vouloir bien lui faire l'honneur de
« venir dîner avec lui, dans son hôtel , rue
« Saint-Georges ; il y aura concert et bal après
« le dîner. »

ALFRED.

Bon !... mais il n'est pas question de moi
dans ce billet.

RICHARD.

Ah ! c'est vrai, j'ai là votre invitation... on
sait bien que vous ne marchez pas l'un sans
l'autre.   (Il lui donne son invitation.)

ERNEST.

Hâtons-nous de quitter cette triste maison !

RICHARD , à Ernest.

Oui, hâtons-nous de sortir... car nous vou-
lons aller, j'en suis sûr, faire un tour, avant
le dîner, dans la rue Mouffetard , pour voir la
petite ouvrière.

ERNEST.

Si vous saviez combien je l'aime , père Richard !

RICHARD.

Ah ! je le vois bien... mais c'est tout de même bien malheureux pour vous, cet amour-là...
dans ce moment-ci , je pourrais peut-être, tel
que vous me voyez, vous faire faire un plus
brillant mariage.

ALFRED.

Là ! tu vois bien, Ernest.

ERNEST.

Vous, brave homme ?

RICHARD.

Un mariage magnifique !... M. Dérimont a
une fille.

ALFRED , vivement.

Bonne à marier ?

RICHARD.

A l'autre à présent... ne me faudrait-il pas
vous la donner tout de suite ! Oui, excellente !
il cherche un gendre... il ne tient pas à la fortune , il demande un homme d'honneur...
vous seriez juste son affaire.

ERNEST.

Oublier ma Céline !

RICHARD.

Mon avocat, ça se fait comme ça, aujour-
d'hui ; la jeune personne a de l'argent, laissez-
vous aller à la tentation, vous la verrez, d'ailleurs, ce soir chez son papa, et peut-être...

ERNEST.

Jamais, brave homme , jamais !

ALFRED.

Eh bien , si Ernest n'en veut pas, je l'épouserai , moi !

ERNEST.

En effet ; vous devriez arranger cela pour
mon ami.

RICHARD.

Ah !... vous croyez que je dois arranger ce mariage pour monsieur ? Il n'est rien que je ne fasse pour vous obliger, mon avocat... voilà qui est dit : je parlerai au père pour votre ami... mais j'attendrai pourtant que vous ayez vu la jeune héritière... si, par hasard, elle allait vous plaire.

ERNEST.

Je vous jure qu'elle ne me plaira pas.

ALFRED.

Je vous le donne pour le plus fidèle des hommes.

RICHARD.

Alors, c'est différent.

ALFRED, tirant sa montre.

Cinq heures ; hâtons-nous de nous rendre à cette aimable invitation de M. Dérimont le capitaliste.

RICHARD.

Oui, mais allons d'abord déposer cela au greffe, si vous voulez sortir... Ah çà ! mes enfants, plus de lettres de change... l'échéance arrive, on ne peut pas payer, on vous met dedans, et c'est gênant en diable. Vous me direz... quand on n'est pas content il faut être philosophe ; mais, moi, je répondrai à ça :

AIR : Un dîner délectable (LE BÉNÉFICIAIRE).

Faut chanter de plus belle,
L'oiseau reprend ses chants,
Lorsque battant de l'aile
Il a la clé des champs.
Je vous donne la clé des champs.

ENSEMBLE.

Faut chanter de plus belle, etc.

(Ils sortent.)

ACTE CINQUIÈME.

Le théâtre représente un magnifique salon, dans un brillant hôtel. Tout est disposé pour un bal.

SCÈNE I.

Mme GERVAL, CÉLINE.

(Elles sont très parées.)

CÉLINE.

Comme tout cela est brillant, ma bonne ; et que je te remercie de m'avoir amené à cette fête... Mais pourquoi nous a-t-on invitées, nous qui sommes si pauvres ?

MADAME GERVAL.

Le nouveau propriétaire de cet hôtel, ma chère Céline, est un ancien ami de ta famille, et puisqu'à son retour de Londres il voulait réunir autour de lui les personnes qu'il aime le mieux, il ne pouvait nous oublier.

CÉLINE.

Mais, comment se fait-il que tu consentes à me conduire à ce bal, toi qui voulais à peine me mener dans les allées les plus sombres du Luxembourg ?

MADAME GERVAL.

C'est qu'ici, mon enfant, nous aurons peut-être des nouvelles de ton père.

CÉLINE.

Quand pourrai-je le voir pour lui faire oublier ce qu'il a souffert !... car tu m'as appris enfin que je suis la fille de ce M. Franval, tant persécuté... Mais, veux-tu me permettre encore une question... bonne Thérèse ?...

MADAME GERVAL.

Que veux-tu savoir de plus ?

CÉLINE.

Dis-moi comment tu as fait pour nous procurer une si brillante parure ? Mon père doit être pauvre, et je ressemble à la fille d'un banquier, habillée comme cela ; à peine si j'ose lever les yeux autour de moi ; il me semble que tout le monde doit reconnaître la petite ouvrière de la rue Mouffetard.

MADAME GERVAL.

Ces habits, mon enfant, conviennent parfaitement à l'éducation que tu as reçue, et bientôt peut-être... (Ernest et Alfred paraissent dans le fond.) Voici déjà du monde.

CÉLINE, regardant.

Oh ! mon dieu ! ma bonne, regarde donc ; c'est ce jeune homme... tu sais bien.

MADAME GERVAL.

Oui, je sais... car sans le regarder, je devine son nom dans tes yeux... il paraît qu'il est aussi invité à la fête.

CÉLINE, tristement.

Il ne va pas me reconnaître, ainsi déguisée.

SCÈNE II.

LES MÊMES, ALFRED, ERNEST.

ALFRED, en riant.

Voilà, sur ma parole, un singulier hôtel !... des illuminations partout... toutes les portes ouvertes, et personne pour recevoir la compagnie !

ERNEST.

Silence ! voilà des dames.

ALFRED.

Ah c'est sans doute la maîtresse de la maison... il faut nous présenter avec cette grâce qui nous caractérise. (S'avançant près des dames.

Oh! mon ami, la jolie demoiselle!... regarde donc.

ERNEST, indifféremment.

Et que m'importe.

ALFRED.

Mais regarde, regarde, je t'en prie!

AIR de la Chasse au Renard.

Dieu! que d'attraits, quelle grace touchante!
Quel doux maintien! quel sourire enchanteur!
Mon cher Ernest, cette jeune innocente,
D'un seul regard a captivé mon cœur.

ERNEST.

Grace, candeur, attraits et modestie!...
Mais la beauté dont tu fais le portrait,
Au doux objet qui règne sur ma vie
Doit, mon ami, ressembler trait pour trait.

Et je veux juger par moi-même... (Il va droit à Céline.) Ciel!

CÉLINE, à part.

Il m'a reconnue!

ALFRED.

Eh! bien, qu'as-tu donc?

ERNEST.

AIR : Quelle douce et touchante ivresse.

Conçois-tu ce hasard prospère ;
Cet objet charmant que tu vois,
C'est la beauté qui m'est si chère,
Et qui me range sous ses lois.

ENSEMBLE.

ALFRED.

Quel est donc ce hasard prospère !

ERNEST.

Conçois-tu ce hasard prospère !

CÉLINE.

Ah ! pour moi quel hasard prospère !

ALFRED.

Cet objet charmant que je vois,

ERNEST.

Cet objet charmant que tu vois,

CÉLINE.

Mon cœur bat, quand je le revois.

ENSEMBLE.

ALFRED.

C'est la beauté qui t'est si chère ;
On ne peut faire un meilleur choix.

ERNEST.

C'est la beauté qui m'est si chère,
Et qui me range sous ses lois.

CÉLINE, MADAME GERVAL.

Je vois combien { je lui suis chère,
                 { il sait lui plaire,

Mais { puis-je } faire un meilleur choix ?
      { peut-il }

ERNEST, bas à Céline.

Vous ici, mademoiselle, je ne m'attendais pas à tant de bonheur !

CÉLINE, embarrassée.

Monsieur...

MADAME GERVAL.

Que vous dit monsieur?

ERNEST.

J'invite mademoiselle , pour la première contredanse.

CÉLINE, faisant la révérence.

J'accepte.

SCÈNE III.

LES MÊMES, Mme DE VERSEUIL.

MADAME DE VERSEUIL, en grande toilette de bal.

Eh bien!... mais... c'est une indignité... comment?... personne pour me recevoir!... on arrive au salon comme sur une place publique... Que fait donc le maitre de la maison?

ALFRED, allant au devant d'elle.

Eh! c'est madame de Verseuil!

MADAME DE VERSEUIL, surprise.

Comment, Alfred, vous ici? eh! que vois-je! M. Ernest... je ne m'attendais guère...

ERNEST, d'un air piqué.

Je conçois votre surprise, madame.

ALFRED, légèrement.

Oui, vous nous croyez encore logés rue de la Clé, n'est-ce pas?

MADAME DE VERSEUIL.

Ce cher Alfred!... ce pauvre Ernest!... tous deux le même jour!... l'aventure est vraiment plaisante... et cependant cela me fait une peine!... Veuillez, messieurs, me présenter au maitre de la maison.

ALFRED.

Nous aurons cet honneur, belle dame, dès que nous le connaitrons.

MADAME DE VERSEUIL

Comment, vous ne l'avez pas encore vu? mais je ne l'ai jamais vu non plus; il se dit ami de mon mari , dans son invitation... et je ne le connais pas... cependant je connaissais tous les amis de mon mari.

ALFRED.

Oh! dans le grand nombre, il n'est pas étonnant.

MADAME DE VERSEUIL.

Ces dames sont apparemment chargées de faire les honneurs de la maison... (Allant à elles.) Je suis flattée... ah! mon Dieu!

ALFRED.

Qu'avez-vous?

MADAME DE VERSEUIL.

Mais, c'est madame Gerval, ma brodeuse.

ALFRED.

Comment, il serait possible !

MADAME DE VERSEUIL.

C'est une horreur! une perfidie ! m'expos à me trouver dans une semblable société... de

brodeuses! ah! dieu! je vous en prie, messieurs,
emmenez-moi loin d'ici!

ERNEST.

De grace, madame.

AIR du vaudeville de la Robe et les Bottes.

Par une fierté trop cruelle,
Ici ne les outragez pas ;
Car devant vous, vous voyez celle
Que j'aimerai jusqu'au trépas !
Non, les grandeurs ne sont pas un vain rêve,
Mais nuls mortels n'en peuvent être exclus.
Par ses talents l'homme s'élève,
Et la femme par ses vertus !

MADAME DE VERSEUIL.

Ah! voilà de beaux sentiments, mais je suis
assurée que si le maitre de la maison connais-
sait les personnes qu'on amène chez lui...

CÉLINE, à madame Gerval.

Comme elle nous traite !

SCÈNE IV.

LES MÊMES ; LE PÈRE RICHARD, endimanché :
même redingote qu'au troisième acte.

RICHARD, en entrant.

Hé! les autres! où êtes-vous donc ?

MADAME DE VERSEUIL.

Qu'entends-je ?

RICHARD, avançant.

Ah! voici l'aimable société... salut à la compagnie... j'ai reçu une invitation, et me voilà.

CÉLINE, reconnaissant Richard.

Et lui aussi, ma bonne !

MADAME DE VERSEUIL, de même.

Mais je ne me trompe pas, c'est ce pauvre
chiffonnier...

RICHARD.

Lui-même... le père Richard... qui vous a
rapporté ce matin votre griffon, et qui est enchanté d'avoir le plaisir de diner ce soir avec
une belle dame comme vous, car... il parait que
nous allons manger la soupe ensemble. (Mou-
vement de dédain de madame de Verseuil.) Oh! il
n'y a pas à dire mon bel ami... mon billet d'invitation est en règle. (Il le montre et lit): « Au
père Richard, chiffonnier, rue Mouffetard,
n° 13. »

MADAME DE VERSEUIL, vexée.

En vérité, ceci a l'air d'une mystification,
et si tous les autres convives ressemblent à
ceux-ci...

RICHARD.

Oh! les autres convives sont encore des
bons enfants aussi distingués que nous pou-
vons l'être, pour leur tournure, leur physique
et leurs qualités morales.

ALFRED, à part, à Ernest.

Où diable sommes-nous donc ?

LE CHIFF.

ERNEST.

Ma foi, je l'ignore... mais puisque Céline est
ici, je m'y trouverai toujours bien.

RICHARD.

Ah! vous voilà, mon avocat... eh bien,
avez-vous déja vu votre prétendue?

CÉLINE, vivement à elle-même.

Sa prétendue!

ERNEST.

Cessez, de grâce, cette plaisanterie; vous savez, monsieur Richard, que je ne suis venu en
ces lieux que pour remercier l'homme généreux
qui m'a obligé d'une manière si loyale.

RICHARD.

Eh bien, est-ce que ce n'est pas déjà fait?

ERNEST.

Il n'a pas encore paru.

RICHARD.

En vérité. Qu'est-ce qu'il fait donc, le papa
Dérimont, pour laisser ainsi toute l'aimable société le bec dans l'eau?... (Criant.) Ohé! le bourgeois, la maison... personne... je vais le chercher
de la cave au grenier ; il doit être quelque part
dans les environs... Quand on invite une société
respectable comme vous et moi... il faut rester
chez soi pour la recevoir... (en sortant.) ohé! le
bourgeois! père Dérimont!

MADAME DE VERSEUIL.

Quel ton, quelles manières! sortons, mon
cher Alfred !

SCÈNE V.

LES MÊMES ; LES CONVIVES, très élégamment mis.

CHŒUR.

AIR nouveau de M. Blanchard.

Nous accourons à cette fête,
Le cœur guidé par le desir ;
Et jamais rien ne nous arrête
Quand on nous promet le plaisir.

MADAME DE VERSEUIL.

A la bonne heure, voici des gens présenta-
bles... Mais enfin toute la société est réunie, et
l'amphitrion ne parait pas.

UN VALET, annonçant.

Monsieur Dérimont.

TOUS.

Ah ! enfin le voilà.

SCÈNE VI.

LES MÊMES, DÉRIMONT DE FRANVAL.

(Il est en habit noir et d'une mise très élégante.)

FRANVAL, d'un ton très décent et très aimable.

Messieurs et dames, enchanté de vous recevoir chez moi.

MADAME DE VERSEUIL, avec surprise.

Ah ! mon Dieu !

ERNEST et ALFRED, de même.

C'est encore le pauvre chiffonnier.

CÉLINE, à madame Gerval.

Quel mystère !

FRANVAL.

Eh ! bien, vous êtes tous surpris... Pourquoi ?... parceque mon habit de ce soir est un peu plus distingué que celui de ce matin... je suis pourtant toujours le même... je ne m'appelle plus le père Richard, c'est vrai, mais qu'est-ce que cela prouve ? que tous les noms vont bien à un honnête homme, et qu'il y a des circonstances dans la vie où l'on est trop heureux de ne pas s'appeler par son nom.

ERNEST.

Mais, monsieur, veuillez nous expliquer...

FRANVAL.

Oui, mon gendre, on va vous expliquer tout cela.

ERNEST.

Votre gendre, moi, monsieur ?

FRANVAL.

Un peu, si vous voulez bien le permettre.

ERNEST.

Je vous l'ai déjà dit, monsieur, cette union est impossible.

FRANVAL.

Quand je vous aurai présenté ma fille, vous ne direz plus cela.

ERNEST.

Mais quoi, monsieur, vous seriez réellement le maitre de cet hôtel magnifique ?

FRANVAL.

Moi, pas du tout, mon gendre, car c'est vous.

ERNEST.

Moi ?

FRANVAL.

Vous... quand vous me regarderez avec étonnement... est-ce que vous ne me croyez pas sur parole... alors, lisez cet acte provisoire que j'ai fait dresser.

(Il donne un papier à Ernest.)

ERNEST.

Que signifie ? (Il lit). « Moi, soussigné, je fais, « par le présent écrit, donation authentique « de l'hôtel d'Harcourt, situé rue Saint Geor- « ges, nº 7, à M. Ernest d'Arleville, avocat, « pour reconnaitre le service important qu'il « m'a rendu aujourd'hui même, en obtenant « des tribunaux, par son zèle et ses talents, la « réhabilitation de mon nom et de mon hon- « neur. »

« Signé PIERRE DÉRIMONT DE FRANVAL »

CÉLINE, courant à lui, avec un cri.

Ah ! mon père !

(Elle se jette dans ses bras. Surprise générale.)

CHOEUR.

AIR : C'est affreux ! c'est abominable ! (de PIQUE-ASSIETTE).

C'est Franval ! (bis.) étrange aventure !
Oui, c'est lui, (bis.) tout nous l'assure.
Franval recouvre avec l'honneur
Et la fortune et le bonheur.
C'est Franval ! étrange aventure ! (bis.)

ERNEST.

Quoi ! Monsieur, c'est vous que je défendais, et Céline est votre fille ?

FRANVAL.

Vous voyez donc bien que j'avais raison de vous appeler mon gendre !... si toutefois la fille d'un pauvre chiffonnier...

CÉLINE, avec sentiment.

Mon bon père !

ERNEST.

Céline est la fille du négociant Franval ; mais fût-elle issue du plus obscur des hommes, sa vertu et son innocence me la feraient préférer à tous les partis.

MADAME DE VERSEUIL, à Alfred.

Ah ! Dieu ! comme c'est romantique !

ALFRED.

Pour moi... voilà qui me raccommode un peu avec la rue Mouffetard.

MADAME DE VERSEUIL.

Mais, monsieur Franval, il me semble que vous auriez pu choisir un état plus relevé.

FRANVAL.

Sans doute, mais il n'en était pas de plus sûr, car cette modeste profession ne m'obligeait à sortir que la nuit... J'aurais pu m'expatrier et aller faire valoir mes talents à l'étranger... j'aimai mieux rester dans mon pays et près de ma petite Céline, que j'avais confiée à la bonne madame Gerval, et qui n'aurait jamais su que j'étais son père, si M. Ernest n'eût obtenu ma réhabilitation... Jugez de ma surprise et de ma joie, lorsque je reconnus que mon avocat adorait ma Céline, le seul bien qui m'avait fait aimer la vie !... Bon, me dis-je alors ; je vais recouvrer cinq cent mille francs, il y en aura cent mille pour mon avocat, et cent mille pour la dot de ma fille... Ce qui fut dit sera fait !... Cher enfant !... j'ai dans ce jour éprouvé les plus doux plaisirs que le ciel puisse accorder au cœur de l'homme... l'un, quand le tribunal m'a solennellement rendu l'honneur, et l'autre, quand pour la première fois tu m'as appelé ton père.

(Il presse sa fille dans ses bras.)

CÉLINE, à madame Gerval.

Thérèse, tu savais donc tout cela ?

MADAME GERVAL.

Oui, mon enfant, et voilà seize ans que je garde ce secret.

ALFRED.

Rare et digne femme ! Mais c'est un véritable roman à la Walter-Scott, que cette histoire.

MADAME DE VERSEUIL.

Je me sens tout attendrie.

FRANVAL.

Allons, allons, c'est assez de sentiment comme cela... c'est de la joie qu'il nous faut maintenant... (A madame de Verseuil.) Madame, votre famille fut autrefois liée avec la mienne... j'avais l'honneur de connaître feu votre excellent mari... oubliez le pauvre chiffonnier, et ne voyez dans Franval qu'un voyageur absent depuis quinze ans... (A tout le monde.) Pour moi, je ne saurais oublier mes courses nocturnes, et comme la probité ne m'abandonna jamais, je m'en souviendrai toujours avec plaisir.

CHŒUR GÉNÉRAL.

C'est Franval, etc.

FRANVAL, au Public.

Air de Julie.

On sait que la philosophie
Apprend, par un heureux moyen,
A savoir gaîment, dans la vie,
Supporter le mal ou le bien.
Nous espérons, sans nulles catastrophes,
Vous voir sourire à nos travaux constants ;
  Et si vous n'êtes pas contents,   } bis.
  Tâchez d'être un peu philosophes. }

FIN DU CHIFFONNIER.

PARIS. — IMPRIMERIE NORMALE DE JULES DIDOT L'AINÉ,
n° 4, boulevart d'Enfer.